MW00326073

El sistema de las tortugas

Michael Faitgner

CONTENIDOS

¿Las reglas del sistema de la tortuga?

¿Por qué distribuir las reglas de las Tortugas por las que otros han pagado miles de dólares?

¿Son estas las reglas originales de las Tortugas?

Seguramente te has preguntado lo mismo "¿por qué alguien querría dar gratis las reglas originales de las tortugas? ¿Cómo puedo estar seguro que estas son las reglas originales del sistema de Richard Dennis y William Eckhard? La contestación a estas preguntas en el origen del proyecto...

El origen del proyecto de las reglas de la tortugas gratis

Este proyecto tiene su origen en varias discusiones entre algunas de las tortugas originales, Richard Dennis y otros, en referencia a la venta del sistema de trading de las tortugas por una tortuga antigua, y, posteriormente, en la creación de una página web por un no-comerciante. Finalmente, se decidió crear este documento, que revela las reglas originales de las tortugas en su totalidad, completamente gratis.

¿Por qué? Porque muchos de nosotros entendimos que tenemos una deuda con Richard Dennis que nos obliga a no revelar los secretos de las tortugas, aunque el contrato de propiedad intelectual por 10 años expiró a finales de 1993. Por esta razón, no nos pareció apropiado que una de las tortugas antiguas vendiera los secretos.

Además, consideramos la venta del sistema en internet como un delito contra la propiedad intelectual y un robo que, aunque no fuera ilegal, sí era poco honesto.

Al mismo tiempo, habiendo visto a mucha gente intentado seguir las reglas de primera mano, me di cuenta que era improbable que la publicación resultara en que mucha gente aprendiera a operar como las tortugas. Es más, yo sabía que la mayoría de aquellos que gastaran miles en aprender este sistema acabarían desanimados por 3 razones:

• Las reglas no serían claras, porque la gente que intentara venderlas no saben cómo hacer trading.

• Incluso si se presentaran reglas claras, los compradores del sistema no serían capaces de seguirlas

• La mayoría de las tortugas están operando hoy en día con reglas incluso mejores

La cruda realidad sobre los vendedores de sistemas trading

He operado en el mercado y dando vueltas en el mundo del trading desde la escuela superior. Una de las crudas realidades de la industria del trading y del futuro de esta industria, en particular, es que hay más gente vendiendo los sistemas de otros y formas de "hacerse rico en la bolsa", que gente realmente ganando dinero en sus operaciones.

No iré en demasiado detalle pero aquellos de nosotros que realmente hacemos trading para vivir sabemos los nombres de "traders famosos" que son famosos como traders pero que no ganan dinero de esta forma. Ellos ganan dinero vendiendo sistemas de trading, seminarios, cursos para estudiar en casa, etc. Muchos de los llamados "traders famosos" no operan y no pueden operar los sistemas que ellos venden.

Sí, esto también es verdad para aquellos que venden el sistema de las tortugas.

Dado que ofrecemos estas reglas gratis, no vemos por qué alguien pagaría por ellas, pero eso no impide que la gente las intente vender.

Antes de tomar cualquier consejo, comprar cualquier curso que ofrece enseñarte cómo hacer trading, o adquirir un sistema, investiga profundamente al vendedor. Hay muchos vendedores sin escrúpulos que no son lo que parecen. Antes de ordenar algo, investiga en internet y ve qué pensaron del curso, seminario, o sistema de comercio, personas que ya lo adquirieron.

Considera lo siguiente: primero un sitio web. Turtletrader.com y segundo una tortuga. Esto es lo que no te contarán:

Turtletrader.com. Un sitio web gestionado por una persona (de reconocido talento en marketing que también tiene una farmacia on-line y otra web que vende test de personalidad). Turtletrader.com pretende tener las reglas actuales del sistema de las tortugas y te las venderá por $999.00. El sitio web está lleno de cantidades tremendas de información acerca de trading y se autocalifica como "la fuente número 1 en sistemas de seguimiento de tendencia en el mundo".

Lo que no te dicen es que el sitio web está gestionado por una persona que no hace trading por sí misma, las reglas que vende y que nunca ha sido un trader exitoso. Y todavía presume de ser un experto en "sistemas de seguimiento de tendencia en el mundo".

En este sitio web puedes obtener algo parecido a las reglas actuales de las tortugas pero no encontrarás ningún consejo experto de la persona que lo vende

La cláusula de "devolución del dinero garantizado" no tiene ninguna utilidad porque debes mantener un registro de todas las operaciones y probar que seguiste las reglas enseñando los registros que proporciona el broker. Si no te gustan las reglas y quieres que te devuelvan el dinero me parece bastante improbable que abras una cuenta y operes durante un año para que te lo devuelvan.

Esta "tortuga" no duró un año en el programa de las tortugas ya que fue despedido por su incapacidad de seguir las reglas del sistema. Perdió dinero cuando la mayoría de las otras tortugas lo ganaban.

Es necesario seguir las reglas

Lo que turtletrader.com no cuenta es que las reglas de trading son solo una pequeña parte del trading con éxito. Los aspectos más importantes son confianza, consistencia y disciplina.

Las reglas que no puedes o no vas a seguir, no te ayudarán demasiado.

Las tortugas tenían un montón de razones para confiar en las reglas que se les proporcionó. Tenían la confianza para seguir las reglas incluso durante los periodos de pérdidas. Aquellos que no siguieron las reglas no ganaron dinero y fueron eliminados del programa.

Los traders que quieren triunfar deben buscar la manera de ganar la suficiente confianza en sus propias reglas de trading para ser capaces de aplicarlas de forma consistente.

Nosotros, como las tortugas originales, lo teníamos fácil. Se nos dieron las reglas por uno de los más famosos y exitosos traders, Richard Dennis y su colega Bill Eckhardt. Nos enseñaron las reglas y las razones por las cuales podríamos confiar en estas reglas. Luego, nos pusieron en una oficina abierta con otros 10 traders a los que se les habían enseñado estas mismas reglas. En algunos casos era más fácil seguir las reglas que no seguirlas.

En general, teníamos la confianza y la disciplina necesaria para aplicar de forma consistente las reglas que nos proporcionaron. Este fue el secreto de nuestro éxito como traders.

Aquellos que fallaron a la hora de seguir las reglas invariablemente, fallaron como tortugas. Algunos de ellos se dieron cuenta que podía ganar más dinero vendiendo las reglas que operando como tortugas.

El nacimiento del proyecto

A mí, como a una buena parte de las tortugas, nos molestó bastante que otros hicieran dinero del trabajo de Richard Dennis y Bill Eckhardt sin su consentimiento, y que estos "vendedores de secretos" hayan usado el éxito de las tortugas para animar a otros a gastarse miles de dólares en productos que no eran lo que parecían.

Pensé que una forma de luchar contra este fraude era dar las reglas de las tortugas gratis. Dado que otros ya habían dejado al gato fuera de la bolsa, y dado que cualquiera que realmente quería estas reglas podría tenerlas a través de pagar, para mí no era violar mi sentimiento de juego limpio al revelarlas.

Eso es lo que hemos hecho…con un pequeño cambio.

Mientras que las reglas son gratis, nosotros pedimos a aquellos que tengan beneficio de las reglas y que las encuentren valiosas, que envíen una pequeña donación a una organización de caridad en honor de Richard Dennis, Bill Eckhardt y las tortugas originales. Se puede encontrar una lista de las organizaciones de caridad escogidas por las tortugas en el sitio web: originalturtles.org.

Cuando un trader amigo mío, Arthur Maddock me contó acerca de sus ideas para un nuevo sitio que tuviera las reglas de las tortugas que estuvieran interesados en sistemas de trading (siendo el sistema de las tortugas el más famoso de estos sistemas). Le sugería que podría diferenciar este sitio web dando gratis las reglas del sistema de las tortugas. Por tanto al final decidimos crear un nuevo sitio sin ataduras comerciales.

Arthur comparte mi interés en la industria del trading y en eliminar la apariencia de "elixir mágico" en la que se encuentra. Por esa razón, pensamos que dando las reglas gratis y revelando la verdad acerca de aquellos que han estado vendiendo el sistema al final sería acabar con la práctica de vender el sistema como una forma de hacer dinero.

Esto es lo que hicimos pero con un pequeño cambio...

Mientras las reglas eran gratis nosotros pedimos a aquellos que tengan beneficio de las reglas y las encuentren valiosas que envíen una pequeña donación a una organización de caridad en honor de Richard Dennis, Bill Eckhard y las tortugas originales. Se puede encontrar una lista de las organizaciones de caridad escogidas por las tortugas en originalturtles.com

Curtis Faith, una tortuga "original".

Los grandes traders nacen o se hacen?

Esta fue la pregunta a la que Richard Dennis (trader profesional) quiso encontrar respuesta. En 1983 Dennis tuvo una discusión con su amigo Bill Eckhardt acerca de si los grandes traders nacen así, o se les puede formar para serlo. Richard pensaba que él podría enseñar a la gente a convertirse en traders exitosos, mientras que Bill pensaba que la genética y las aptitudes son los factores determinantes.

Richard pensó que lo mejor sería experimentar contratando y entrenando algunos traders, dándoles cuentas reales, con dinero real, para ver cuál de los dos estaba en lo correcto.

Pusieron un anuncio en Barron's, en Wall Street Journal y en el New York Times. El anuncio decía que después de unas sesiones de entrenamiento las personas seleccionadas tendrían una cuenta con dinero real con la que operar.

Puesto que Dennis en ese momento era probablemente el trader más famoso del mundo, recibieron más de 1000 solicitudes. De las 1000 entrevistaron a 80.

Se formó un grupo de 10 personas, que finalmente fueron 13 después de que Richard añadiera a 3 personas más que él conocía personalmente antes del experimento.

Se les pagó el viaje a Chicago y se les entrenó durante 2 semanas a finales de diciembre de 1983 y comenzaron a operar con pequeñas cuentas reales a comienzos de enero de 1984. Después de la prueba inicial, Richard les proporcionó entre $500.000 y $2.000.000 a comienzos de Febrero.

Los estudiantes fueron conocidos como "las tortugas" porque cuando Dennis empezó el experimento acababa de regresar de un viaje a Asia y explicó el programa diciendo "vamos a cultivar traders como se cultivan tortugas en Singapur".

El experimento de las tortugas se volvió el más famoso en la historia del trading profesional porque en los siguientes 4 años "las tortugas" obtuvieron un retorno anualizado del 80%.

Richard demostró que se puede enseñar a especular, probó que con un conjunto de reglas muy sencillo él podría convertir a gente sin ninguna experiencia en trading en traders excelentes.

El sistema de trading al completo

Las tortugas recibieron un sistema de trading completo. Cubría todos los aspectos y no dejaba hueco para la subjetividad del usuario.

Los traders más exitosos usan un sistema mecánico. No es ninguna coincidencia que Dennis proporcionara un sistema completo a sus tortugas.

Un buen sistema automatiza el proceso completo de trading. El sistema proporciona una respuesta para cada una de las decisiones que el trader debe tomar mientras opera.

La mecánica del trading no se podía dejar al juicio del trader novato.

Si se sabe que un sistema proporciona beneficios sobre un periodo de prueba suficientemente grande, es más fácil seguir las señales y operar de acuerdo al sistema durante periodos de pérdidas. Si uno se basa en su propio juicio durante el proceso de trading, se encontrará con que debería haber tenido coraje cuando tuvo miedo y que debería haber sido prudente cuando fue demasiado arriesgado.

Los componentes de un sistema de trading completo son:

Mercado- qué comprar o vender. La primera decisión era con que mercados operar. Si se opera en demasiados mercados se reducen las probabilidades de coger una tendencia completa, por otra parte no se quiere operar en mercados con poco volumen de negociación o que no tienen tendencia.

Tamaño de la posición- cuánto comprar o vender. Este es un aspecto ignorado por muchos traders novatos. Cuánto comprar o vender afecta, simultáneamente, a la diversificación y a la gestión del riesgo. Con la diversificación se intenta dispersar el riesgo entre varias operaciones de forma que se tengan más probabilidades de capturar una operación altamente rentable. Una diversificación adecuada requiere operaciones de tamaño similar en mercados o valores diferentes. Gestión del riesgo es controlar el tamaño de las operaciones de forma que no nos quedemos sin liquidez cuando lleguen las verdaderas operaciones rentables.

El cuanto comprar o vender es el aspecto sencillo más importante del trading. La mayoría de los principiantes arriesgan demasiado en cada operación incrementando las probabilidades de bancarrota incluso si tienen un estilo de trading válido.

Entrada- cuándo comprar o vender. La decisión de cuando entrar en el mercado se llama "decisión de entrada". El sistema automático proporcionaba el precio exacto y las condiciones de mercado exactas para entrar, sea corto o largo.

Paradas (stops)- cuándo salir de una posición en pérdidas. Los traders que no quieren cerrar sus pérdidas rápidamente no triunfarán a largo plazo. Lo más importante de cortar rápidamente las pérdidas, es determinar el punto donde saldrás de la posición ANTES de hacer la entrada.

Salidas- cuándo salir de una posición ganadora. Muchos sistemas no especifican cuando salir de una posición ganadora, a pesar de que esta salida es crucial para la rentabilidad del sistema. Un sistema que no contemple las paradas de beneficio, no es un sistema completo.

Táctica- cómo comprar o vender. Una vez que la señal se ha generado (compra o venta), tácticas que involucran la mecánica de la ejecución de la señal se vuelven importantes para cuentas de mucho capital, ya que las entradas o salidas podrían mover el mercado.

Los mercados en los que operaban las tortugas

"Las tortugas" eran operadores de futuros en USA. Puesto que se les asignaron cuentas de millones de dólares no podían operar en mercados estrechos que solo admitieran unos pocos contratos al día, ya que las órdenes moverían el mercado haciendo imposible entrar y salir sin tener que asumir grandes pérdidas. Las tortugas fueron restringidas a operar solamente en los mercados más líquidos.

En general las tortugas operaban en los mercados de materias primas USA con la excepción de los cereales y la carne.

El mercado de cereales se restringió debido a que Richard Dennis operaba en él con mucho volumen en su cuenta propia y no se podía permitir que las tortugas operasen a la vez, puesto que se sobrepasarían los límites del mercado para las posiciones.

También se restringió el mercado de la carne debido a un problema de corrupción de los operadores del parqué en los corros. El FBI estaba llevando una investigación en el mercado de Carne de Chicago y había procesado varios operadores de bolsa, por lo que Dennis prefirió que "las tortugas" no operasen en carne.

La siguiente lista contiene los mercados a los que estaba permitido que operasen las tortugas:

CBOE: Bono del tesoro a 30 años, Bono del tesoro a 10 años.

New York: Café, Cacao, Azúcar, Algodón

Chicago Mercantile Exchange: franco suizo, marco alemán, libra, franco francés, Yen, Dólar canadiense, índice SP500, Eurodólar, Bono del tesoro a 90 días.

Comex: Oro, plata y cobre.

New York Mercantile exchange: Aceite crudo, Aceite de calefacción, Gas.

A las tortugas se les dio la posibilidad de no operar en algunos de los mercados de la lista. Pero si un operador no tenía posiciones en un mercado en particular, entonces no se le permitía operar en ese mercado en absoluto. A las tortugas se les exigió que operasen de forma consistente.

TEMA 5:

El volumen de las operaciones

Las tortugas usaban un método basado en volatilidad, que les proporcionaba un riesgo constante y definido.

Las tortugas usaban un método de tamaño de posición (sizing, en Inglés), el cual era muy avanzado para su época porque normalizaba la volatilidad del capital arriesgado en función de la volatilidad del mercado. En otras palabras, esto significa que una posición podía tender a moverse al alza o a la baja la misma cantidad de dólares independientemente de la volatilidad subyacente del mercado. Esto es así debido a que las posiciones en mercados que se mueven al alza o a la baja una gran cantidad por contrato tendrían asociadas un menor número de contratos que aquellas posiciones en mercados con mayor volatilidad.

Esta normalización de la volatilidad es muy importante porque significa que posiciones diferentes en mercados diferentes tienden a tener las mismas probabilidades de una pérdida de capital determinada y fija. Esto incrementaba la efectividad al diversificar entre mercados. En el caso de que la volatilidad de un mercado en particular fuera pequeña, cualquier movimiento resultaría en una ganancia significativa, porque las tortugas habrían tenido más contratos que en otro mercado más volátil.

Volatilidad.
El significado del parámetro N

Las tortugas usaban un concepto que Richard Dennis y Bill Eckhardt llamaban N para representar la volatilidad subyacente de un mercado en particular.

N es simplemente la media exponencial de 20 días del Rango Verdadero (True Range) que actualmente se conoce como ATR o Average True Range. Conceptualmente N representa el promedio de movimiento que un mercado hace en un día, teniendo en cuenta los huecos. N se mide en los mismos puntos que el contrato subyacente. En Visual Chart y en otros programas tenemos disponible este indicador como "Average True Range" y al seleccionarlo podemos escoger el periodo, que en este caso es de 20.

Para calcular el True Range se usa la fórmula:

True Range = Máximo [H-L, H-PDC , PDC-L]

Dónde:

• H-High (máximo)

• L-Low (mínimo)

• PDC-Previous Day Close (el cierre del día anterior)

Para calcular N se usa la formula:

$$N = \frac{(19 * PDN + TR)}{20}$$

Dónde:

• PDN-Previous Day N (La N del día anterior)

• TR- Current Day True Range (El rango verdadero o True Range de hoy)

Puesto que esta fórmula necesita el valor de N del día anterior, se debe comenzar con una media móvil de 20 días del True Range para empezar a calcular.

Ajuste de la volatilidad del capital

El primer paso a la hora de determinar el tamaño de la posición, es determinar la volatilidad del capital (en el siguiente ejemplo en dólares) representada por la volatilidad subyacente del mercado (definida por la N).

Suena más complicado de lo que realmente es, se determina con la siguiente formula sencilla:

Volatilidad del capital = N * Dólares por posición

Volatilidad ajustada a las posiciones

Las tortugas operaban con posiciones en porciones que llamaban Unidades. Las unidades se dimensionaban de forma que 1 N representaba el 1% del capital disponible.

Así, para un mercado en particular las Unidades se calculaba así:

Unidad =   1 % del capital
                 volatilidad del mercado

o también

Unidad =   1 % del capital
                 N * dólares del mercado

Ejemplo

Ejemplo considerando los siguientes precios, True range y valor de N de los precios del carburante de calefacción en 2002

Día	Alto	Bajo	Cierre	True range	N
11-1-2002	0.7220	0.7124	0.7124	0.0096	0.0134
11-4-2002	0.7170	0.7073	0.7073	0.0097	0.0132
11-5-2002	0.7099	0.6923	0.6923	0.0176	0.0134
11-6-2002	0.6930	0.6800	0.6838	0.0130	0.0134
11-7-2002	0.6960	0.6736	0.6736	0.0224	0.0139
11-8-2002	0.6820	0.6706	0.6706	0.0114	0.0137
11-11-2002	0.6820	0.6710	0.6710	0.0114	0.0136
11-12-2002	0.6795	0.6720	0.6744	0.0085	0.0134
11-13-2002	0.6760	0.6550	0.6616	0.0210	0.0138
11-14-2002	0.6650	0.6585	0.6627	0.0065	0.0134
11-15-2002	0.6701	0.6620	0.6701	0.0081	0.0131
11-18-2002	0.6965	0.6750	0.6965	0.0264	0.0138
11-19-2002	0.7065	0.6944	0.6944	0.0121	0.0137
11-20-2002	0.7115	0.6944	0.7087	0.0171	0.0139
11-21-2002	0.7168	0.7100	0.7124	0.0081	0.0136
11-22-2002	0.7265	0.7120	0.7265	0.0145	0.0136
11-25-2002	0.7265	0.7098	0.7098	0.0167	0.0138
11-26-2002	0.7184	0.7110	0.7184	0.0086	0.0135
11-27-2002	0.7280	0.7200	0.7228	0.0098	0.0133
12-2-2002	0.7375	0.7227	0.7359	0.0148	0.0134
12-3-2002	0.7447	0.7310	0.7359	0.0137	0.0134
12-4-2002	0.7420	0.7140	0.7162	0.0280	0.0141

El precio por unidad para el 6 de diciembre del 2002 (usando por valor N 0.0141 del día 4 de diciembre), es el siguiente:

Combustible de Calefacción

N= 0.0141

Volumen de la cuenta = 1.000.000 $

Dólares por posición = 42 (precio en los que estaba tasado el galón de combustible en dólares)

$$\text{Unidad} = \frac{1\ \%\ \text{del capital}}{N\ *\ \text{dólares del mercado}}$$

$$\text{Unidad} = \frac{0.01\ *\ 1.000.000\ \$}{0.0141\ *\ 42} = 16.88$$

Como en este caso no es posible ejecutar operaciones por porciones de contrato, se ejecutan las operaciones con 16 contratos.

Preguntarás ¿Cuántas veces es necesario calcular el valor de N y el volumen de los contratos o operaciones? Las tortugas recibían la lista con los valores de N y el tamaño a operar todos los lunes de cada semana en la que debían operar.

La importancia del tamaño de la posición

La diversificación es un intento de esparcir el riesgo en muchos instrumentos y de aumentar la oportunidad de ganancia, a través de aumentar las oportunidades de reclutar traders exitosos. Diversificar apropiadamente requiere hacer apuestas parecidas, sino idénticas, en distintos instrumentos.

Las tortugas usaban la volatilidad del mercado para medir el riesgo asociado a cada mercado. Esta medida del riesgo se usaba para construir posiciones en incrementos de capital con un aumento constante de riesgo o volatilidad. Esto incrementa los beneficios de la diversificación y aumenta las probabilidades de que las buenas operaciones compensen las malas.

Es importante resaltar que esta diversificación es más difícil de conseguir si no se dispone de suficiente capital para trading. Considerando el ejemplo dado anteriormente, si ha sido utilizada una cuenta de $100,00. El tamaño de la unidad hubiese sido un solo contrato, dado que 1.688 trunca a 1. Para cuentas más pequeñas, la granularidad de ajustamiento es muy grande, y esto reduce en gran manera la efectividad de la diversificación.

Las Unidades como medida de riesgo

Las tortugas usaban las Unidades como base para el tamaño de la posición, y estas unidades estaban ajustadas al riesgo por volatilidad, la Unidad era una medida simultáneamente del tamaño y del riesgo de las posiciones.

A las tortugas les dieron reglas de gestión de capital que limitaban el número de unidades que se podrían comprometer en un momento dado, en cuatro niveles diferentes. Esas reglas minimizaban las pérdidas en los periodos desfavorables.

Los límites eran los siguientes:

Nivel	Tipo	Unidades Máximas
1	En un solo mercado	4 unidades
2	Mercados muy correlacionados	6 unidades
3	Mercados poco correlacionados	10 unidades
4	En una sola dirección (largo o corto)	12 unidades

En el caso de mercados muy correlacionados solo se permitían 6 Unidades en una dirección en particular (largo o corto, por ejemplo, comprando 6 unidades o vendiendo 6 unidades). Mercados muy correlacionados incluyen: Oro y Plata, Crudo y Gas, Franco Suizo y Marco Alemán (en aquel momento), Eurodólar y Bonos del Tesoro.

En el caso de mercados poco correlacionados habría un máximo de 10 unidades en una dirección determinada. Mercados poco correlacionados incluyen: oro y cobre, plata y cobre y muchas combinaciones de cereales y grano en que las tortugas no podían operar.

El máximo absoluto en una única dirección, largo o corto, eran 12 unidades. Así, uno podía estar comprando o vendiendo un máximo de 12 unidades simultáneamente.

Las tortugas decían que estaban "cargados" cuando estaban operando con el máximo número de unidades para un nivel de riesgo determinado. Así, "cargados en el Yen" significaba operar en el Yen con 4 unidades. "Completamente cargados" significaba que estaban operando con las 12 unidades.

Ajustando el tamaño de las posiciones

Las tortugas no tenían cuentas normales con saldo igual a la liquidez de la cuenta. En su lugar tenían una cuenta que teóricamente comenzaba con $1.000.000 en febrero de 1983. Al comienzo de cada año el cálculo que realizaba sobre el tamaño de su cuenta se iba ajustando dependiendo del éxito o fracaso.

A las tortugas se les pidió que decrementaran el cálculo del tamaño de su cuenta en un 20% cada vez que perdieran un 10% de la cuenta original. Es decir, si una tortuga operando con 1 millón de dólares perdía un 10% (o sea $100.000) entonces deberían operar como si tuvieran una cuenta de $800.000 hasta el comienzo del nuevo año donde se haría el ajuste. Si perdieran otro 10% (10% de $800.000 o sea $80.000 que sumado a lo anterior es una pérdida de $180.000) entonces deberían reducir el tamaño de la cuenta otro 20% para tener una cuenta nominal de $640.000.

Estas son las reglas de control de riesgo que usaban las tortugas. Existen otras reglas, quizás mejores, pero estas fueron las reglas simples que usaban las tortugas.

Las entradas en el Mercado

Las tortugas usaban dos sistemas de entrada, ambos basados en un sistema de ruptura del canal de Donchian.

Un inversor o especulador normal piensa normalmente en las entradas en el mercado como un sistema de especulación. Cree que la entrada es el aspecto más importante del sistema.

Muchos operadores se sorprenden al ver que las tortugas usaban un sistema muy simple basado en la ruptura del canal de Donchian.

A las tortugas se les dieron dos sistemas diferentes pero similares puesto que estaban basados en el mismo principio, los que llamaremos sistema 1 y sistema 2. Se les permitió total libertad a la hora de asignar capital al sistema que prefiriesen. Unos escogieron operar todo el capital con el sistema 2, otros con el sistema 1, otros usaron 50% de cada sistema, o incluso diferentes porcentajes.

• Sistema 1 – El sistema 1 es de corto plazo basado en una ruptura de 20-días

• Sistema 2 – El sistema 2 es de largo plazo basado en una ruptura de 55-días

Las rupturas

La ruptura se define como el precio superando el máximo o mínimo de un número particular de días. Así una ruptura de 20 días se define como la superación del máximo o del mínimo de los últimos 20 días.

Las tortugas siempre operaban con la ruptura cuando se superaba durante el día y no esperaban a un cierre o la apertura del día siguiente. En caso de espacios de apertura, las tortugas introducían posiciones si el mercado abría superando el nivel de rotura.

Entradas con el sistema 1:

Las tortugas introducían posiciones cuando el precio superaba por un "tick" el máximo o mínimo de los últimos 20 días. Si el precio superaba el máximo de los últimos 20 días entonces las tortugas compraban una Unidad para iniciar una posición larga en la materia prima correspondiente. Si el precio caía solo un "tick" por debajo del mínimo de los últimos 20 días las tortugas venderían una Unidad para iniciar una posición corta.

La señal de entrada de ruptura del sistema 1 sería ignorada si la última ruptura ha resultado en una operación ganadora.

La ruptura se consideraba falsa si el precio posteriormente a la ruptura se movía 2N contra la posición antes de una salida con ganancia de 10 días. En realidad, la dirección de la ruptura era irrelevante. Así, una ruptura falsa al alza o una ruptura falsa a la baja haría que la siguiente ruptura se tomase como válida independientemente de la dirección (largo o corto).

En cualquier caso si el sistema 1 se saltara una entrada porque la operación anterior había sido ganadora, se podría hacer una entrada en la rotura de 55 días (sistema 2) para evitar perderse una tendencia mayor. Así la entrada de 55 se consideraba "entrada por falsa ruptura".

En un momento determinado si las tortugas estaban fuera de mercado siempre había un nivel de precio que activaría una señal en corto, y un precio por encima de este que activaría una entrada en largo. Si la última ruptura era falsa, entonces la siguiente entrada estaría más cercana al precio actual (p.e. ruptura de 20 días) que si hubiera resultado en ganancia, ya que en ese caso la entrada estaría más lejos, concretamente en la ruptura de 55 días.

Entradas con el sistema 2:

Se entraba cuando el precio superaba por un solo "tick" el máximo o mínimo de los últimos 55 días. Si el precio superaba el máximo de los últimos 55 días, entonces las tortugas compraban una Unidad para iniciar una posición larga en la materia prima correspondiente. Si el precio caía solo un "tick" por debajo del mínimo de los últimos 55 días, las tortugas venderían una Unidad para iniciar una posición corta.

Todas las rupturas del sistema 2 se tomarían independientemente de si la operación anterior resultó en ganancia, o no.

Añadiendo unidades

Las tortugas operaban una sola unidad al comienzo de la operación en la ruptura, y luego iban añadiendo en intervalos de ½ N siguiendo la entrada inicial. Así, el intervalo de ½ N estaba basado en el precio de compra (o venta) de la orden anterior. Si una entrada se desplazaba más de ½ N entonces la nueva orden sería 1 N por encima de la ruptura, para tener en cuenta el desplazamiento de ½ N más el intervalo normal ½ N.

Esto continuaría hasta el máximo número de Unidades permitido. Si el mercado se movía muy deprisa era posible añadir hasta el máximo de 4 Unidades en un solo día.

Ejemplo con Oro:

N=2.50

Ruptura de 55 días = 310

Primera Unidad : 310
Segunda Unidad : 310 + ½ 2.50   = 311.25
Tercera Unidad : 311.25 + ½ 2.50 = 312.50
Cuarta Unidad : 312.50 + ½ 2.50 = 313.75

Ejemplo con Petróleo:

N=1.2

Ruptura de 55 días = 28.30

Primera Unidad : 28.30
Segunda Unidad : 28.30 + ½ 2.50   = 311.25
Tercera Unidad : 28.30 + ½ 2.50   = 312.50
Cuarta Unidad : 28.30 + ½ 2.50   = 313.75

Consistencia

A las tortugas se les exigió ser muy consistentes a la hora de tomar señales de entrada porque la mayoría de las ganancias del año provendrían de solo dos o tres operaciones ganadoras grandes. Si se perdía una señal, o se saltaba, podía afectar tremendamente a los resultados para el año.

Las tortugas obtuvieron los mejores resultados a base de insistir conscientemente aplicando las reglas de entrada. Las tortugas con los peores resultados fueron las que saltaron más entradas, o fallaron en el seguimiento de éstas.

Tema 7:

Las Paradas (stops)

Las tortugas usaban paradas basados en N para controlar el riesgo y evitar grandes pérdidas de capital.

Existe una expresión en Inglés " There are old traders; and there are bold traders, but there are no old bold traders.", Hay traders experimentados y traders atrevidos, pero no hay traders audaces experimentados, operadores que no se detienen, acaban arruinándose.

Las tortugas siempre usaban paradas. Para muchas personas es más fácil pensar que una pérdida se dará la vuelta y acabará en ganancia con el tiempo, que simplemente salirse de la posición y admitir que la entrada no fue correcta.

Salirse de una posición en pérdidas es absolutamente crítico. Los especuladores que no cortan las pérdidas de raíz no triunfarán a largo plazo. En casi todos los ejemplos de trading fuera de control que terminaron en perjuicio de la institución (como la quiebra de Barings, Long-term Capital Management y otros), involucraban operaciones en las que se permitieron que avanzaran las pérdidas en lugar de cortar por lo sano cuando solo se trataba de pérdidas menores.

El aspecto más importante acerca de cortar las pérdidas es tener predefinido el punto de salida antes de entrar en la posición. Si el mercado se mueve hasta el punto de salida es necesario ejecutar la pérdida sin excepciones, cada vez. **Salirse de esta regla terminará en desastre.**

Las paradas de las tortugas

Que las tortugas operaran con paradas no significa que siempre las tuvieran incluidas en el mercado.

Las tortugas operaban con posiciones de gran capital y, por lo tanto, no querían revelar sus posiciones o sus estrategias de trading al poner paradas con los corredores. En cambio, usaban un precio de referencia que si se alcanzaba les hacía salirse de las posiciones usando ordenes de precio límite o de mercado.

Estas paradas eran salidas no negociables. Si una materia prima cotizaba al nivel de parada, la posición se abandonaba, cada vez, sin excepciones.

Estableciendo las Paradas

Las tortugas colocaban sus paradas basándose en el riesgo de la posición. Ninguna operación debía tener un riesgo superior al 2 %.

Puesto que 1N representaba un movimiento de capital de un 1%, la parada máxima de 2N permitiría un máximo riesgo de un 2%. Las paradas de las tortugas se situaban a 2N por debajo del punto de entrada y 2N por encima en el caso de posiciones cortas.

Para poder mantener el riesgo de las posiciones en mínimos, si se iban añadiendo Unidades, las paradas para nuevas Unidades se subían una cantidad de ½ N. Esto, normalmente, significaba que la parada de la posición completa se situaba a 2N de la Unidad más reciente. En casos donde el mercado se movía muy rápido o había huecos, las últimas Unidades se situaban con una separación mayor y con la consiguiente diferencia en las paradas.

Por ejemplo:

Petróleo:

N=1.20

Ruptura de 55 días = 28.30

	Precio de entrada	Parada
Primera Unidad	28.30	25.90
Primera Unidad	28.30	26.50
Segunda Unidad	28.90	26.50
Primera Unidad	28.30	27.10
Segunda Unidad	28.90	27.10
Tercera Unidad	29.50	27.10

Primera Unidad	28.30	27.70
Segunda Unidad	28.90	27.70
Tercera Unidad	29.50	27.70
Cuarta Unidad	30.10	27.70

En caso de que la cuarta Unidad se añadiera a un precio mayor porque el mercado abriera con hueco a 30.80:

Primera Unidad	28.30	27.70
Segunda Unidad	28.90	27.70
Tercera Unidad	29.50	27.70
Cuarta Unidad	30.80	28.40

La Estrategia alternativa a las Paradas: Whipsaw

A las tortugas se les enseñó una estrategia alternativa que resultaba más rentable, pero también era más difícil de ejecutar porque se incurría en muchas más pérdidas resultando en una proporción ganancia/pérdida más baja. Esta estrategia se llamaba "Whipsaw", denominación "pequeñas oscilaciones del mercado".

En lugar de adoptar un riesgo del 2% por operación, las paradas se situaban a ½ N para un ½ % de riesgo en la cuenta. Si en una unidad saltaba la parada, la Unidad se volvía a operar si el mercado alcanzaba de nuevo el precio de entrada original. Algunas tortugas operaron con este método con buenos resultados.

La estrategia Whipsaw tenía el beneficio adicional de que no requería el movimiento de las paradas para las nuevas Unidades que se iban añadiendo, ya que el riesgo total nunca excedía del 2% en el máximo de las cuatro Unidades.

Por ejemplo usando paradas Whipsaw las entradas para el Crudo hubieran sido:

	Precio de entrada	Parada
Primera Unidad	28.30	27.70
Primera Unidad	28.30	27.70
Segunda Unidad	28.90	28.30
Primera Unidad	28.30	27.70
Segunda Unidad	28.90	28.30
Tercera Unidad	29.50	28.90
Primera Unidad	28.30	27.70
Segunda Unidad	28.90	28.30
Tercera Unidad	29.50	28.90
Cuarta Unidad	30.10	29.50

Beneficios de operar con Paradas

Las operaciones de las tortugas estaban basadas en N, por tanto ajustados a la volatilidad del mercado. Los mercados más volátiles tenían paradas más holgadas pero también tenían menos contratos por Unidad. Esto igualaba el riesgo entre las diferentes operaciones y ofrecía mejor diversificación y un sistema de gestión de riesgo más robusto.

Las Salidas

Las tortugas usaban un sistema de salida basado en la ruptura de niveles anteriores para salir de forma rentable de sus posiciones.

Hay un lema en los mercados que es el siguiente: "no te puedes arruinar tomando beneficios". Las tortugas no estarían de acuerdo con ese lema. **Salirse de posiciones ganadoras muy pronto para tomar un pequeño beneficio es uno de los errores más comunes** cuando se opera con sistemas seguidores de tendencia.

Las tortugas sabían que el punto donde se toma el beneficio puede marcar la diferencia entre ganar y perder.

El sistema de las tortugas ejecuta su entrada en la ruptura de niveles. La mayoría de las operaciones de ruptura no resultan en una tendencia, lo que implica que la mayoría de las operaciones terminan en pérdidas. Lo que significa que la mayoría de las operaciones que hicieron las tortugas, terminaron en pérdidas. Si las operaciones ganadoras no hubiesen conseguido la suficiente ganancia como para compensar las pérdidas, las tortugas habrían perdido dinero. Cada sistema de trading tiene un punto óptimo de salida.

Consideremos el sistema de las tortugas, si se sale de las posiciones ganadoras a 1N de beneficio mientras se sale de las perdedoras a 2N, entonces se necesitarían el doble de operaciones ganadoras que de perdedoras para compensar.

Hay una relación compleja entre todos los componentes de un sistema de trading. Esto significa que no se debe considerar el sistema de salida sin haber tenido en cuenta el sistema de entrada, la gestión del riesgo y del capital entre otros factores.

Una salida apropiada de las posiciones ganadoras es uno de los aspectos más importantes de un sistema de trading y el menos considerado. Puede marcar la diferencia entre ganar y perder.

Las tortugas y su sistema de salidas

El sistema 1 tenía una salida con el mínimo de los últimos 10 días para las posiciones largas y con el máximo de los últimos 10 días para las posiciones cortas. Todas las Unidades se cerrarían si el precio fuera contra las posiciones con una ruptura de máximos o mínimos de 10 días.

El sistema 2 tenía una salida con el mínimo de los últimos 20 días para las posiciones largas y con el máximo de los últimos 20 días para las posiciones cortas. Todas las Unidades se cerrarían si el precio fuera contra las posiciones con una ruptura de máximos o mínimos de 20 días.

Así como con las entradas, que no ponían los puntos de parada, las tortugas no tenían la orden de salida metida en el mercado, sino que vigilaban el mercado durante el día y si había ruptura llamaban para cerrar las posiciones.

La dificultad de las salidas

Para la mayoría de los traders, el sistema de salida de las tortugas era la parte más difícil de ejecutar de todas las reglas. Esperar a un nuevo mínimo de los últimos 10 o 20 días podía significar ver unas ganancias del 20, 40 o incluso el 100% evaporarse.

Hay una verdadera tendencia a querer salir de las posiciones demasiado pronto. Requiere mucha disciplina ver como tus ganancias se esfuman y mantenerte en tus posiciones para la próxima gran tendencia. La habilidad de mantener la disciplina y obedecer las reglas durante operaciones con grandes beneficios es lo que distingue a los traders exitosos del resto.

Tácticas

Reglas misceláneas para complementar el resto de las reglas de las tortugas.

El famoso arquitecto Mies Van der Rohe, hablando sobre diseño una vez dijo: " Dios está en los detalles ", exactamente lo mismo que en las técnicas de Trading.

Existen pequeños detalles que son los que pueden marcar diferencia en la obtención de beneficio al aplicar las técnicas de las tortugas.

Ejecutando las órdenes

Ya hemos mencionado anteriormente, Richard Dennis y William Eckhardt pidieron a las tortugas que no usaran paradas cuando ejecutaban las órdenes en el mercado. Las tortugas miraban el mercado y luego introducían las órdenes, cuando el mercado tocaba el precio establecido como parada.

También se les indicó que era mejor introducir órdenes limitadas que órdenes a mercado, esto es porque las órdenes limitadas ofrecen más posibilidades de ser activadas a mejor precio y menos horquilla que las órdenes de mercado.

Los mercados siempre tienen un precio de oferta y otro de demanda. El precio de oferta es el precio al que los compradores están dispuestos a comprar, y el de demanda es el precio al que los vendedores están dispuestos a vender. Si en un momento determinado el precio de oferta se vuelve más alto que el precio de demanda la transacción se cierra. Una orden de mercado siempre se ejecuta al precio de oferta o demanda cuando hay suficiente volumen, y a veces a peores precios para un gran número de títulos.

Típicamente hay una gran cantidad de fluctuación de precio aleatoria que se conoce como "salto". La idea detrás de usar órdenes limitadas es colocar la operación al límite inferior del salto en lugar de simplemente introducir una orden de mercado. Una orden limitada no moverá el mercado si es una orden pequeña y casi siempre lo moverá menos si es una orden de gran tamaño.

Requiere mucha habilidad ser capaz de determinar el mejor precio para una orden limitada, pero con práctica se debería ser capaz de conseguir mejores precios usando ordenes limitadas cerca del mercado que usando ordenes a mercado.

En mercados volatiles

Algunas veces el mercado se mueve y fluctúa muy rápidamente y si se introduce una orden limitada esta no se ejecuta. Durante un mercado muy rápido se pueden mover miles de dólares por contrato en unos pocos minutos.

En esos momentos a las tortugas se les pidió que mantuvieran la calma y esperaran que el mercado se estabilizase antes de introducir las órdenes.

La gran mayoría de principiantes encuentran muy difícil de seguir esta regla. Entran en pánico e introducen órdenes a mercado. Invariablemente lo hacen al peor precio posible y, frecuentemente, terminan el día entrando en máximos o en mínimos al peor precio posible.

En mercados muy rápidos, la liquidez se agota temporalmente. En el caso de un mercado alcista muy rápido, los vendedores dejan de vender y se esperan a un precio más alto, y no empezarán de nuevo a vender hasta que el precio deje de subir. En este escenario, la demanda sube considerablemente y la horquilla entre oferta y demanda se agranda.

Los compradores se ven forzados a pagar precios más altos, mientras los vendedores continúan subiendo el precio de demanda, y el precio se mueve tan rápido, y tanto, que llegan al mercado nuevos vendedores que provocan que el precio se estabilice, e incluso a veces lo giran haciéndolo retroceder parte de la subida.

Las órdenes de mercado introducidas en un mercado rápido normalmente acaban ejecutándose al precio más alto de la subida, justo en el punto en el que el mercado comienza a estabilizarse al llegar nuevos vendedores.

Las tortugas esperaban hasta encontrar alguna indicación de que al menos un giro temporal del precio había ocurrido, antes de introducir las órdenes y, normalmente, operando así conseguían mejores precios que los que hubieran conseguido al mercado. Si el mercado se estabilizaba pasado el precio de stop las tortugas se saldrían del mercado con calma.

Operaciones simultáneas

Muchos días había muy poco movimiento en el mercado, y por lo tanto, poco que hacer aparte de monitorear posiciones ya existentes. Las tortugas podían estar varios días sin introducir ninguna orden en el mercado. Otros días las tortugas estaban relativamente ocupadas con señales que ocurrían de forma intermitente cada pocas horas. En ese caso las tortugas iban ejecutando las órdenes según venían hasta alcanzar la posición límite para los mercados en los que operaban.

También había días en los que parecía que iba a ocurrir todo a la vez, y las tortugas pasaban de no tener posiciones abiertas a estar "cargadas" en un día o dos. A veces este ritmo se intensificaba con señales múltiples en mercados correlacionados.

Esto ocurría especialmente cuando los mercados abrían con brechas a través de las señales de entrada de las tortugas en Crudo, GAS, etc., todo en el mismo día. Trabajando con futuros contratos era bastante común que se activaran todas las señales a la vez en el mismo mercado.

Operando en mercados fuertes y débiles

Si las señales aparecían todas a la vez, las tortugas compraban en los mercados más fuertes y vendían en los mercados más débiles del grupo.

Solo se introducía una Unidad en un mercado de cada vez. Por ejemplo, en lugar de comprar contratos de Aceite de Calefacción de febrero, marzo y abril simultáneamente, escogían comprar el contrato más líquido, más fuerte y con más volumen de negociación.

Este dato es muy importante, dentro de un grupo correlacionado las mejores posiciones la largo plazo están en los mercados más fuertes (que siempre se comportan mejor que los mercados débiles del mismo grupo). De forma inversa, las mejores posiciones ganadoras en el corto plazo vienen de los mercados más débiles del grupo.

Las tortugas usaban varias formas de medir fortaleza y debilidad de los mercados. El método más simple era mirar al gráfico y observar cual parecía más fuerte o débil, simplemente por inspección visual.

Otros miraban cuantos N había avanzado el precio desde la ruptura y compraban los mercados que se habían movido más en términos de N.

Otros restaban el precio de hace tres meses del precio actual y lo dividían por el N actual para normalizar entre los diferentes mercados. Los mercados más fuertes tendrían así los valores mayores y los mercados más débiles los menores.

Cualquiera de las aproximaciones indicadas funcionaba bien. Lo importante era tener posiciones a largo plazo en los mercados más fuertes y posiciones a corto plazo en los mercados más débiles

En la finalización de los contratos

Cuando finalizaban los contratos de futuros había dos factores a considerar antes de enrolarlos en un nuevo contrato.

1.- En muchas ocasiones los contratos de los meses cercanos daban buena tendencia pero los meses más distantes fallaban a la hora de tener un movimiento de precio similar. Por tanto no se enrolaba a un nuevo contrato, a menos que la acción del precio hubiese resultado en una salida de la posición.

2.- Los contratos se enrolarían antes de que descendiera de forma significativa el volumen y el interés abierto. La cantidad dependía del tamaño de la Unidad. Como regla general, las tortugas enrolaban las posiciones existentes en un nuevo contrato unas pocas semanas antes de la fecha de vencimiento, a menos que el mes más cercano del contrato actual estuviese comportándose mucho mejor que los contratos con vencimientos más alejados.

Finalmente

Aquí concluyen las reglas del sistema de las tortugas. Seguramente piense que estas reglas no son demasiado extensas.

Pero conociendo estas reglas es suficiente poder conseguir buenos resultados. Lo único que hay que hacer es seguirlas fielmente.

Recuerda que Richard Dennis dijo: "Yo podría publicar mis reglas de trading en el periódico y nadie las seguiría. El secreto es la consistencia y la disciplina. Casi todo el mundo puede hacer una lista de reglas que sea un 80% tan buenas como las que enseñamos a las tortugas. Lo que la gente no suele hacer es tener la suficiente confianza para ceñirse a las reglas incluso cuando las cosas se ponen feas". Cita de "Market Wizards", Jack. D. Schwager.

Quizás la mejor evidencia de que lo anterior es cierto es el rendimiento de las tortugas en sí mismas. Muchas de ellas no hicieron dinero. Esto no era porque las reglas no funcionaban, era porque no querían ni podían seguir las reglas. Por extensión de lo mismo, pocos de aquellos que lean este texto tendrán éxito haciendo trading con el sistema de las tortugas. Esto es debido a que el lector no tendrá la suficiente confianza para seguirlas.

Las reglas de las tortugas son muy difíciles de seguir porque dependen de capturar tendencias relativamente infrecuentes. Como resultado de esto pasan muchos meses entre períodos ganadores, e incluso a veces puede pasar un año o dos. Durante estos periodos es fácil esgrimir razones por las cuales se duda del sistema y por tanto dejar de seguir las reglas:

¿Qué pasa si las reglas no funcionan nunca más? ¿Qué pasa si los mercados han cambiado?

¿Qué pasa si las reglas no tienen en cuenta algo importante que está ocurriendo?

¿Cómo puedo estar realmente seguro de que funcionan?

Uno de los miembros de la clase de las tortugas, que fue despedido del programa antes de terminar el primer año, sospechó que se había retenido información importante en el grupo, y se convenció de que había secretos ocultos que Richard nunca revelaría. Este trader no pudo enfrentarse al simple hecho de que su pobre rendimiento era simplemente resultado de sus dudas e inseguridades que resultaron en una incapacidad para seguir las reglas.

"Puedes romper las reglas y escaparte. Pero las reglas acabarán rompiéndote a ti por no haberlas respetado". Cita del libro "Zen en los mercados" de Edward A. Toppel.

Otro problema adicional era la tendencia a querer cambiar las reglas. Muchas de las tortugas, en un esfuerzo de reducir el riesgo de sus operaciones cambiaban las reglas muy sutilmente que a menudo tenía un efecto contrario a lo esperado.

Un ejemplo: Fallar a la hora de introducir posiciones tan rápido como lo indicaban las reglas (1

Unidad cada ½ N). Mientras esto puede parecer una aproximación más conservadora la realidad era que para el tipo de sistema de entrada que usaban las tortugas añadir más lentamente a las posiciones incrementaba la probabilidad de que un retroceso activara las paradas. Estos cambios sutiles tenían un impacto significativo en la rentabilidad durante determinadas condiciones de mercado.

Para poder construir el nivel de confianza necesario para seguir las reglas de un sistema de trading, independientemente de si es el sistema de las tortugas u otro cualquiera similar o totalmente diferente, es imperativo hacer una investigación usando datos históricos. No es suficiente escuchar a otros decir que un sistema funciona. No es suficiente con leer los sumarios de resultados de las investigaciones llevadas a cabo por otros. Debes hacerlo por ti mismo.

Debes "ensuciarte" las manos e involucrarte personalmente en la investigación. Indaga entre las operaciones, consigue familiaridad con las reglas del sistema y la forma en la que el sistema opera y con la cantidad y frecuencia de las perdidas.

Es más fácil asumir un período de pérdidas de 8 meses si se sabe que ha habido muchos periodos de pérdidas de igual longitud en los últimos 20 años. Será más fácil entrar a las posiciones existentes rápidamente si se sabe que entrar rápidamente es una parte clave en la rentabilidad del sistema.

LIBROS RECOMENDADOS

- Todo Sobre La Bolsa: Acerca de los Toros y los Osos, Jose Meli
- Piense y Hágase Rico, Napoleon Hill
- El Sistema Para Alcanzar El Exito Que Nunca Falla, W. Clement Stone
- La Ciencia de Hacerse Rico, Wallace D. Wattles
- El Hombre Mas Rico de Babilonia, George S. Clason
- El Secreto Mas Raro, Earl Nightingale
- El Arte de la Guerra, Sun Tzu
- Cómo Gané $2,000,000 en la Bolsa, Nicolas Darvas
- Como un Hombre Piensa Asi es Su Vida, James Allen
- El Poder De La Mente Subconsciente, Dr. Joseph Murphy
- La Llave Maestra, Charles F. Haanel
- Analisis Tecnico de la Tendencia de los Valores, Robert D. Edwards - John Magee
- Como hablar bien en publico e influir en los hombres de negocios, Dale Carnegie

Disponibles en www.bnpublishing.com

CPSIA information can be obtained
at www.ICGtesting.com
Printed in the USA
LVOW08s0421060717
540418LV00001B/5/P